YVES-ALEXANDRE THALMANN

Das kleine Übungsheft

Eifersucht verstehen und überwinden

Aus dem Französischen von
Claudia Seele-Nyima

Illustrationen von Jean Augagneur

TRINITY

Yves-Alexandre Thalmann ist Psychologe und seit 2000 als Dozent für Psychologie tätig. Mit seinem Ansatz »pensée positive 2.0« gelang es ihm, positives Denken und Positive Psychologie zu verbinden. Sein Leitsatz bei allem, was er tut, lautet: Neu denken, um voranzukommen.

In diesem Buch wird der Einfachheit halber oft die männliche Schreibweise »der Partner« für das jeweilige Gegenüber in der Partnerschaft verwendet; hin und wieder steht aber auch die männliche und die weibliche Form im Wechsel. Soweit es den Lesefluss nicht stört, wird von alternativen Formulierungen wie »Ihr Partner/Ihre Partnerin« Gebrauch gemacht. Grundsätzlich mögen sich immer alle Menschen angesprochen fühlen, die zu zweit in einer Lebensgemeinschaft leben – ungeachtet ihrer sexuellen Orientierung und Identität.

Die Originalausgabe ist erstmals 2016
bei Éditions Jouvence erschienen.
Titel der französischen Originalausgabe:
Petit cahier d'exercices pour surmonter la jalousie

Chemin du Guillon 20, Case 184, CH-1233 Bernex.
www.editions-jouvence.com
info@editions-jouvence.com

Umschlaggestaltung: Guter Punkt, München
Satz: Kerstin Duben, München
Druck und Bindung: Pustet, Regensburg
ISBN 978-3-95550-211-9

www.die-kleinen-uebungshefte.de

»Eifersüchtig – ich? Überhaupt nicht! Ich liebe sie/ihn eben und möchte sie/ihn nicht verlieren …«

Es ist gar nicht so leicht, sich einzugestehen, dass man eifersüchtig ist! »Irgendwie« spüren wir, dass die Eifersucht ein problematisches, ungesundes Gefühl ist, und wären gerne immun dagegen! Und doch ist sie da – in unseren Herzen, in unseren Beziehungen. Und wenn das schon einmal so ist, dann können wir sie uns auch genauer anschauen, um sie kennen- und akzeptieren zu lernen. Denn das ist der sicherste Weg, um gut mit ihr umgehen zu können. Dabei will dieses kleine Übungsheft Sie unterstützen.

Dieses kleine Übungsheft ist

. . . . (Name)

mit Liebe gewidmet von

. . . . (Name)

Möge es zu dazu beitragen, dass unsere Beziehung noch schöner wird!

I. Eifersucht: Was ist das eigentlich?

Eifersucht, eifersüchtig, Eifersuchtsdrama

Wie lautet Ihre persönliche Definition von Eifersucht? Notieren Sie:

Eifersucht: ....

....

....

Was wäre Ihrer Meinung nach der optimale Eifersuchtsgrad in einer Liebesbeziehung? Wenn Ihr Partner/Ihre Partnerin kein bisschen eifersüchtig wäre, sondern sich darüber freuen und Sie dazu ermutigen würde, mit anderen Spaß zu haben, was würden Sie dabei empfinden?

Optimaler Eifersuchtsgrad: ....

Vergleichen Sie nun Ihre Definition mit der, die man in Nachschlagewerken und im Internet findet:

Eifersucht: Leidvolles Gefühl, verbunden mit der Angst, verlassen und/oder betrogen zu werden, das bei jemandem aufkommt, der einen anderen Menschen ausschließlich für sich haben möchte.

Eifersucht enthält immer diese drei Komponenten:

1. Eine Emotion (Gemütsbewegung) oder ein Gefühl, ...
2. ... die/das unangenehm ist (Angst, Traurigkeit etc.) ...
3. ... und dem Eindruck entspringt, etwas Wertvolles zu verlieren – zumeist das ausschließliche Interesse einer anderen Person.

Betrachten wir diese drei Punkte einmal genauer:

1. Emotion oder Gefühl?

Eifersucht kann sowohl das eine wie das andere sein.

Der Unterschied:

➡ **Eine Emotion - eine Gemütsbewegung** - stellt sich plötzlich ein, ist intensiv, beeinflusst die Physiologie des Körpers (Atmung und Herzschlag beschleunigen sich, die Körpertemperatur steigt etc.), vergeht jedoch schnell wieder.

➡ **Ein Gefühl** ist weniger intensiv, wirkt sich größtenteils auf die Psyche aus und hält viel länger an.

Man spricht von einem Eifersuchtsanfall, wenn plötzlich aufwallende Eifersucht einen überwältigt, zum Beispiel wenn man den Partner in attraktiver Begleitung sieht.

Wie äußert sich ein plötzlicher Eifersuchtsanfall bei Ihnen? Was spüren Sie dabei körperlich?

- Herzklopfen
-
-
-
-
-

Ein Gefühl ist die unangenehme, anhaltende Gemütserregung, die mit bestimmten Gedanken einhergeht. Wir stellen uns beispielsweise vor, dass der Partner sich von uns abwendet, sich mit jemand anderem vergnügt, uns für immer verlässt ...

Wie äußert sich bei Ihnen das Gefühl von Eifersucht? Was geht dann in Ihnen vor?

- Quälende Gedanken
-
-
-
-
-

Haben Sie's gewusst?

Neuere Forschungen haben gezeigt, dass schon sechs Monate alte Babys eifersüchtig werden können, wenn sich ihre Mutter mit einer lebensechten Puppe statt mit ihnen beschäftigt. Daraus lässt sich schließen, dass die Fähigkeit zur Eifersucht wohl genetisch in uns angelegt sein muss.

Feststellung:
Meistens wird unsere Eifersucht von etwas ausgelöst, das wir uns vorstellen, nicht von etwas, das wirklich passiert.

Schon eine Kleinigkeit kann in der Liebe Eifersucht wecken: ein Blick, ein Lächeln, eine SMS ...

Schreiben Sie auf: Was löst bei Ihnen Eifersucht aus?

- Wenn die Kellnerin im Lokal mit meinem Mann flirtet und ihn anlächelt.
-
-
-
-

Unterstreichen Sie nun diejenigen Auslöser, die Sie identifiziert haben und die tatsächlich eine Bedrohung für Ihre Beziehung darstellen.

Urheber unserer Eifersucht sind in der Regel wir selbst – in viel stärkerem Maße als das Verhalten anderer.

Dieser Satz ist entscheidend. Nehmen Sie sich die Zeit, ihn abzuschreiben, um ihn sich gut einzuprägen.

2. Ein unangenehmer Zustand

Das Mindeste, was man feststellen kann, ist, dass Eifersucht sich alles andere als gut anfühlt.

Meistens geht sie mit anderen, ebenfalls wenig angenehmen Emotionen oder Gefühlen einher:

Welche Emotionen/Gefühle begleiten Ihre Eifersucht?

Notieren Sie unten die Gedanken, die in Ihnen aufkommen, wenn Sie gerade Eifersucht spüren.

Das sage ich mir, wenn ich eifersüchtig bin:

....

....

Kleine Interpretationshilfe:

Hindernis für die Erfüllung meiner Wünsche, Ungerechtigkeit ⇨ ZORN

Bedrohung meiner Zukunft, Ungewissheit ⇨ ANGST

Plötzlicher, unabänderlicher Verlust ⇨ TRAURIGKEIT

Gefühl, etwas falsch gemacht zu haben, selbst verantwortlich zu sein für das, was geschieht ⇨ SCHULDGEFÜHLE

Eindruck, nicht gut genug, unwürdig zu sein ⇨ SCHAM

Meine Eifersucht ist also vorrangig geprägt von:

....

3. Der Eindruck, etwas zu verlieren

Auslöser für Eifersucht ist der Eindruck, etwas Wertvolles – bei Erwachsenen ist das meistens die ausschließliche Liebe eines Menschen – an jemand anderen zu verlieren. Bei Kindern ist es eher Angst vor dem Verlust einer Vorrangstellung oder erworbener Vorteile. Dabei wissen wir alle ganz genau:

»Man kann nur das verlieren, was man besitzt.«

Das heißt:
Ein Verlust, bei dem niemand anders von dem profitiert, was wir verloren haben, löst im Allgemeinen Trauer aus, keine Eifersucht.
Vielen Eifersüchtigen wäre es dementsprechend lieber, dass ihr Partner stirbt, als dass er oder sie sich für einen Nebenbuhler entscheidet.
(Aber auf Sie trifft das natürlich nicht zu, oder?)

Man kann nur das verlieren, was man besitzt – oder zu besitzen glaubt … Psychologen überbieten sich darin, immer wieder festzustellen, dass Eifersucht mit besitzergreifenden Gefühlen einhergeht. Eifersüchtige setzen ihren Beziehungspartner demnach mit einem Objekt gleich: Er gehört ihnen, ist im wahrsten Sinne des Wortes ihr Besitz.

Eroberer oder Besitzer?

Die Begriffe »jemanden besitzen«, »Besitz ergreifen« implizieren zwei Bedeutungen, die mit Eifersucht in Zusammenhang gebracht werden können. Welche?

1.

2.

Antwort 1: **Besitzen im Sinne von verfügen über, Besitzer sein von etwas.** Ein Eifersüchtiger betrachtet den Partner als seinen Besitz, über den er allein das Sagen hat. Die Worte »Ich liebe dich« sind für ihn gleichbedeutend mit dem Recht, den Partner in allem zu kontrollieren und ihm sein Verhalten vorzuschreiben. Dabei geben Eifersüchtige gerne vor, das Ausmaß ihrer Kontrollwut sei proportional zu dem ihrer Liebe.

Antwort 2: **Besitzen im Sinne von jemanden/etwas beherrschen, von ihm Besitz ergreifen**, z.B. wenn jemand vom »Dämon« des Spiels besessen ist. Ein eifersüchtiger Mensch glaubt, sich in den Geist des Partners einklinken zu können und dadurch dessen geheimste Gedanken und Gefühle zu kennen: »Ich weiß genau, was gerade in dir vorgeht!«

Gibt es Unterschiede in Ihrem Verhalten wenn man die Phase der Eroberung mit der Phase vergleicht, in der Ihre Beziehung offiziell geworden ist?

Immer wenn ich versuche/versucht habe, jemanden zu verführen, bin/war ich besonders

- zuvorkommend	- nachgiebig	- nett
-	-	-
-	-	-

Das Verhalten eines Eroberers ist nicht dasselbe wie das eines Besitzers!

Ergänzen Sie in der obigen Liste Ihre persönlichen Verhaltensweisen und kreisen Sie dann die ein, die Sie in einer festen Beziehung nicht mehr an den Tag legen oder für nicht mehr so wichtig halten.

Wie verhalten Sie sich gegenüber Ihrem Partner? Eher wie ein ...

❑ **Eroberer:** Es ist mir bewusst, dass ich ihn fortwährend erobern und mich von meiner guten Seite zeigen muss, damit er gerne bei mir bleibt.

❑ **Besitzer:** Ich betrachte ihn als ein für alle Mal in meinen Besitz übergegangen. Hände weg!

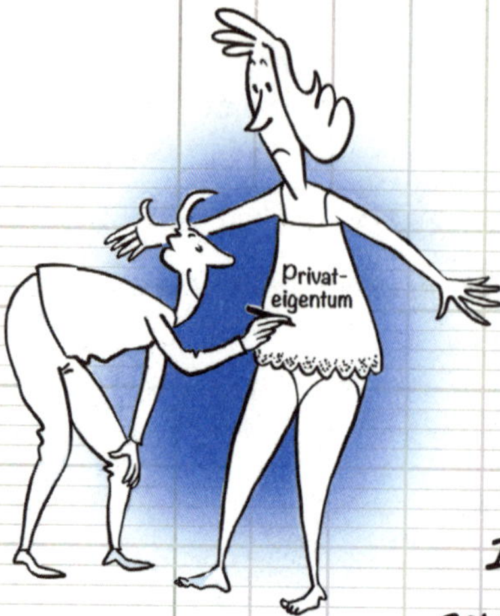

Einen Vorteil hat der Status des Besitzers: Man kann sich jederzeit und als Einziger an seinem Eigentum erfreuen!

Eifersüchtige behandeln ihren Partner/Ihre Partnerin wie ein Objekt, das zu ihrem persönlichen Vergnügen da ist – wobei sie sich dieses Verhaltens nicht unbedingt bewusst sind.

Eifersucht ist nicht gleich Neid!

Neid und Eifersucht sind falsche Freunde, auch wenn sie oft Hand in Hand gehen. Und sie sind definitiv nicht ein und dasselbe.

Was ist für Sie der grundlegende Unterschied zwischen Eifersucht und Neid?

....

....

Gar nicht so einfach auseinanderzuhalten, oder? Aber keine Sorge, die meisten Menschen verwechseln die beiden Begriffe und tun sich schwer, den Unterschied zu benennen. Die richtige Antwort lautet:

Neid richtet sich auf etwas, das man (noch) nicht hat, also auf einen Mangel. Der Neider will etwas haben.

Eifersucht ist dagegen mit einem Gefühl des Verlusts verknüpft. Ein eifersüchtiger Mensch versucht, etwas festzuhalten, was sich ihm entzieht.

Beispiele:

- Ich bin neidisch auf Michael, weil er sich ein neues Auto leisten konnte. Ich hätte auch gerne einen Neuwagen.
- Ich bin eifersüchtig auf meinen neuen Kollegen, der momentan von der Gunst des Chefs profitiert, während diese Vorzugsbehandlung vorher mir gegolten hat.

Und jetzt Sie!

Drücken die folgenden Situationen eher Neid, Eifersucht oder beides zugleich aus? Kreuzen Sie an.

	Neid	Eifersucht
1. Meine Frau ist gerade befördert worden und verdient jetzt mehr als ich.	❑	❑
2. Mein Bruder erhält vorzeitig einen Teil des Familienerbes.	❑	❑
3. Die Arbeit eines Kollegen wurde gerade ausgezeichnet.	❑	❑
4. Meine Frau hat nur noch Augen für unser neugeborenes Baby.	❑	❑
5. Ich habe gerade eine kleine Schwester bekommen. Jetzt sind wir zu zweit.	❑	❑

Antworten:

1. Ich kann gleichzeitig meine Frau um ihre Beförderung beneiden (ich hätte auch gern eine) und eifersüchtig sein (denn ich verliere dadurch meine Position als Besserverdienender in der Beziehung).
2. Ich bin eher eifersüchtig, denn ich verliere einen Teil des Erbes, das ihm zugutekommt. Falls ich gerade Geldsorgen hätte, wäre ich auch neidisch.
3. Ich bin neidisch: Auch ich möchte, dass meine Arbeit gewürdigt wird.
4. Ich bin eifersüchtig und denke an all die Aufmerksamkeit und Zärtlichkeit, deren alleiniger Nutznießer ich bis dahin war.
5. Ich bin eifersüchtig, denn nun muss ich teilen. Ich könnte auch auf die »Streicheleinheiten« neidisch sein, die meine kleine Schwester erhält, falls es mir in dieser Hinsicht an etwas mangelt.

Neid und Eifersucht entspringen nicht demselben Beweggrund: Bei Ersterem ist es das Habenwollen, bei Letzterer der Wunsch, etwas zu behalten!

»Die Eifersucht ist in gewisser Hinsicht gerechtfertigt und verständlich, weil sie nichts anderes will als ein Gut bewahren, das uns gehört oder von dem wir annehmen, dass es uns gehöre; wohingegen der Neid eine Wut ist, welche die Güter anderer nicht ertragen kann.«

La Rochefoucauld

Test: Sind Sie eifersüchtig?

Möchten Sie lieber eine schmeichelhafte oder eine ehrliche Antwort auf diese Frage?

Wenn Ihnen eine schmeichelhafte Beurteilung lieber ist, dann wählen Sie beim Beantworten der folgenden Fragen die Alternative aus, die Sie am »edelsten« finden, selbst wenn sie überhaupt nicht auf Sie zutrifft.

Hier schon mal das Ergebnis:

Glückwunsch: Sie sind nicht der eifersüchtige Typ!

Sie empfinden mitunter ein ganz kleines bisschen Eifersucht, gerade genug, um Ihrem Partner in Erinnerung zu rufen, dass Ihnen etwas an ihm/ihr liegt. Bleiben Sie, wie Sie sind!

Okay, das ist natürlich geschummelt und verfälscht, aber Sie haben es ja so gewollt! Wenn Sie nun doch lieber eine realitätsnähere Beurteilung hätten, dann beantworten Sie die folgenden Fragen ehrlich.

Wählen Sie für jede Situation die Antwort aus, die für Sie am charakteristischsten ist:

1. Ihr Partner erhält einen Anruf oder eine SMS. Er zieht sich ins Nebenzimmer zurück und schließt die Tür hinter sich. Sie sagen sich:

✶✶ Er will mich nicht stören.
❏ Er verbirgt bestimmt etwas vor mir.
♣ Auf jeden Fall prüfe ich später die Nummer des Anrufers.

2. Ihr Partner ist am Abend ohne Sie zu einer Feier eingeladen.

♠♠ Ich versuche, ihn davon abzubringen, dorthin zu gehen.
❏ Ich ermutige ihn dazu, hinzugehen und sich zu amüsieren.
✶ Ich mache kurz vor dem Aufbruch eine Szene, damit er möglichst doch daheim bleibt.
✶ Er ginge nie ohne mich auf eine Party!

3. Haben Sie schon mal (heimlich) E-Mails oder SMS Ihres Partners gelesen?

♥ Das würde ich mir nie erlauben!
✶ Ja, hin und wieder - ich gebe es zu.
● Oft! Warum auch nicht?

4. Auf einer Party wird Ihr Partner offen angeflirtet.

✶ Ich gehe sofort dazwischen, um mein Territorium zu markieren.
●● Ich sehe von Weitem lächelnd zu, stolz, dass mein Partner so attraktiv ist.
❏ Ich versuche alles, um diese unverfrorene Person bloßzustellen.

5. Ihr Partner ist mit dem/der Ex verabredet.

♣ Ich habe volles Vertrauen zu den beiden und denke mir nichts dabei.
♠ Ich bin die ganze Zeit, während die beiden zusammen sind, angespannt.
❏❏ Ich kann nicht anders: Ich rufe während des Treffens mehrfach an oder schicke SMS, um mich zu beruhigen.

Ergebnisse:

➞ Schätzen Sie, noch bevor Sie Ihre Punktzahl ausrechnen, intuitiv Ihren Eifersuchtsgrad auf einer Skala von 1 bis 10 ein.

Geschätzter Grad

Gemessener Grad

10	**Sehr eifersüchtig**	10	Eskalationsstufe
9		9	
8		8	
7		7	
6		6	
5		5	
4		4	
3		3	
2		2	
1		1	
0	**Nicht eifersüchtig**	0	

Rechnen Sie Ihre Punkte mithilfe der folgenden Tabelle zusammen:

Frage	Punktzahl 2	Punktzahl 1	Punktzahl 0
1	♣	❑	✶✶
2	✶	♠♠	❑
3	●	✶	♥
4	✶	❑	●●
5	❑❑	♠	♣

Ihre Punktzahl: ....

Lagen Sie mit Ihrer intuitiven Einschätzung richtig? ....

Bei Frage 2 gab es zwei Antworten mit ✶, jeweils bewertet mit 2 Punkten. Vor allem die Antwort »Er ginge nie ohne mich auf eine Party!« ist problematisch. Sie entspringt der bei eifersüchtigen Menschen häufigen Annahme, in einer Beziehung müsse immer alles gemeinsam getan werden, was jedoch beiden Partnern keine Luft mehr zum Atmen lässt. Lassen Sie es nicht so weit kommen!

Haben Sie's gewusst?
Wie bei der Temperatur gibt es auch bei der Eifersucht Werte unter null. Im Ernst: Es wurde ein englisches Wort erfunden, das das der Eifersucht entgegengesetzte Gefühl bezeichnet: Es heißt **compersion** – im Deutschen **Compersion** oder umgangssprachlich **»frubbelig«** genannt.

Compersion ist ein angenehmes Gefühl, das empfunden wird, wenn der Partner mit jemand anderem eine schöne Zeit verbringt. Auf einer höheren Ebene bezeichnet Compersion das Gefühl der Freude, das sich einstellt, wenn ein geliebter Mensch Beziehungen zu anderen Liebespartnern hat.

Der Begriff wurde in sogenannten polyamoren Gemeinschaften kreiert, die sich das Recht ausbedingen, auf nicht besitzergreifende Weise mehrere Personen gleichzeitig zu lieben.

Ob es wünschenswert ist, Compersion zu entwickeln oder nicht, sei einmal dahingestellt; wir werden dieser Frage hier nicht weiter nachgehen. Interessant ist jedoch, dass es manchen Menschen offenbar gelingt, sich ganz und gar von ihrer Eifersucht zu befreien.

Auf jeden Fall ist das ein Beweis dafür, dass man daran arbeiten kann, seine Eifersucht zu mindern.

Es ist möglich, weniger eifersüchtig zu sein. Eifersucht ist kein Schicksal!

II. Wozu ist Eifersucht gut?

Feststellung: Ethnologen zufolge gibt es in allen Kulturen, die erforscht wurden, Eifersucht. Sie ist also ein universales Phänomen.

Schlussfolgerung: Eifersucht ist ein angeborenes Gefühl, das in unseren Genen festgelegt ist.

Wenn Eifersucht genetisch bedingt ist, dann muss sie zwangsläufig einen Nutzen haben. Entsprechend der Darwin'schen Evolutionstheorie müsste Eifersucht dann zum Überleben des Einzelnen und der Art beitragen.

Bravo!
Sie haben soeben Evolutionspsychologie betrieben.

Und so lässt sich das Ganze erklären:

Als unsere entfernten Vorfahren sich noch in Felle hüllten, war die Sterblichkeit von Schwangeren oder von Frauen, die gerade ein Kind zur Welt gebracht hatten, extrem hoch. Ihre Überlebenschancen waren besser, wenn sie sich in dieser Zeit auf die Nahrungsressourcen und den Schutz eines Artgenossen verlassen konnten.

Wenn ein Mann aber mehrere Frauen und ihren Nachwuchs ernähren und die Sicherheit aller gewährleisten musste, verringerte sich dadurch automatisch der jeweilige Anteil der einzelnen Frauen und ihrer Kinder an seiner Fürsorge. Es war also ein Überlebensvorteil, sich die ausschließlichen Dienste eines Mannes zu sichern.

Die Eifersucht der Frauen diente also dem Überleben – ihrem eigenen und dem ihrer Kinder.

Und wie sieht es bei den Männern aus?
Bekanntlich können Männer nicht schwanger werden. Fakt ist auch, dass ein Mann (bis zum Aufkommen von Vaterschaftstests einige Jahrtausende später) nie ganz sicher sein konnte, der Erzeuger der Kinder zu sein, die seine Partnerin zur Welt brachte. Um nicht Ressourcen an die Kinder anderer Männer zu »verschwenden«, war es daher vorteilhaft, sich eine exklusive Beziehung zur künftigen Mutter seiner Kinder zu sichern. (Bei einigen Tierarten, wie z. B. den Löwen, tötet das Männchen, das sich mit einem Weibchen paaren will, unter Umständen sogar die Jungen, die sie von einem anderen Männchen hat, um die Überlebenschancen seiner eigenen Nachkommen zu erhöhen.)

Die Eifersucht des Mannes diente also dem Überleben seines eigenen Nachwuchses.

Eifersüchtige Menschen haben also im Lauf der Generationen bessere Chancen gehabt, eine lebensfähige Nachkommenschaft zur Welt zu bringen – womit sich erklärt, warum es Eifersucht bis heute gibt.

Eifersucht hat zwei Geschlechter

Evolutionsbiologie hin oder her – wie sieht es denn nun eigentlich in der Praxis aus? Es gibt eine Methode, diese evolutionäre Eifersuchtstheorie auf die Probe zu stellen. Wenn sie wirklich stichhaltig ist, dann müsste nämlich die Eifersucht der Frauen sich von der männlichen Eifersucht unterscheiden.

Machen Sie die Probe und bitten Sie zehn Männer und zehn Frauen, sich folgende Geschichte anzuhören und zu sagen, welches der beiden Szenarien für sie das schlimmere, furchteinflößendere wäre. Auch Ihre Stimme zählt!

Geschichte:

Eines Morgens kommt Ihr Partner/Ihre Partnerin ganz kleinlaut auf Sie zu und erklärt:

Szenario A

»Schatz, wenn du wüsstest, wie schlecht ich mich fühle! Letzte Woche habe ich meine/meinen Ex getroffen, und wir sind zusammen etwas trinken gegangen. Eins kam zum anderen, wir haben uns geküsst und sind schließlich im Hotel gelandet. Es tut mir furchtbar leid, das wollte ich nicht! Ich verspreche dir, dass ich ihn/sie nie mehr wiedersehen werde. Es wird nicht wieder vorkommen, das schwöre ich dir. Ich habe ein furchtbar schlechtes Gewissen.«

Szenario B

»Schatz, ich muss dir etwas gestehen. Letzte Woche habe ich meine/meinen Ex getroffen, und wir sind zusammen etwas trinken gegangen. Ich schwöre dir, dass absolut nichts passiert ist: Wir haben uns nicht geküsst, ja noch nicht einmal berührt. Ich muss allerdings zugeben, dass durch das Zusammensein die Gefühle, die ich einmal für ihn/sie hatte, wieder ein bisschen geweckt wurden.

Wie lautet das Ergebnis Ihrer Befragung? Welches Szenario ist beängstigender?

Ergebnis bei den Frauen:

Szenario A: ...%   Szenario B: ...%

Ergebnis bei den Männern:

Szenario A: ...%   Szenario B: ...%

Welches der beiden Szenarien hat bei welchem Geschlecht jeweils die niedrigere Prozentzahl erreicht?

Von Psychologen durchgeführte groß angelegte Studien haben ergeben, dass Frauen sich statistisch eher vor Szenario B (Gefühle) fürchten, während es sich bei den Männern genau umgekehrt (Szenario A: Sex) verhält.
Diese Ergebnisse stimmen mit der Evolutionstheorie überein: Frauen fürchten, dass ihr Lebensgefährte seine Ressourcen breiter verteilt (Gefühle ⇨ zusätzliche emotionale Beziehung ⇨ Verringerung der zur Verfügung stehenden Ressourcen wie Zeit, Nahrung, Schutz etc.); Männer dagegen haben mehr Angst, dass ihre Lebensgefährtin eine sexuelle Beziehung mit einem anderen Mann eingeht, denn in diesem Fall bestünde die Gefahr, dass sie von ihm schwanger würde.

Frauen fürchten eher, dass ihr Gefährte Gefühle für eine Rivalin hegt, während Männer sich mehr davor fürchten, dass ihre Gefährtin eine sexuelle Beziehung mit einem Rivalen eingeht.

Wer facht meine Eifersucht an?

Für Eifersucht braucht es immer drei. Ihre Form kann nur ein Dreieck sein. Denn es gibt stets einen Dritten im Bunde. Und es kann nur von Vorteil sein, sich klarzumachen, wer und wie dieser sein könnte.

Welcher Personentyp kann Ihre Eifersuchtsgefühle anheizen? Was macht Ihren schlimmsten Nebenbuhler/Ihre schlimmste Nebenbuhlerin aus?

Stellen Sie sich folgendes Szenario vor:

> Ihr Partner kommt gerade von einer Abendveranstaltung zurück, organisiert von einem Club oder Unternehmen oder von seiner Schule. Er/sie spricht voller Begeisterung über eine Person, die er/sie gerade dort kennengelernt hat. »Schatz, ich muss dir unbedingt jemanden vorstellen. Ich habe mich lange mit ihm/ihr unterhalten, und es war richtig interessant! Ich hatte wirklich einen sehr anregenden Abend, und auch du wirst ihn/sie bestimmt sehr sympathisch finden.«

Meistens werden Sie in einer solchen Situation eine Frage stellen, deren Antwort entscheidend für Ihre Eifersucht ist. Sie zielt darauf ab, einzuschätzen, wie weit die betreffende Person eine Gefahr darstellt und zum Rivalen/zur Rivalin für Sie werden könnte.

Was würden Sie in diesem Fall gerne erfahren? (Zur Erinnerung: Die Person, der Ihr Partner begegnet ist, könnte zwar eventuell für ihn/sie attraktiv sein, doch es ist nichts passiert.) Welche Sorge möchten Sie zerstreuen?

Ihre wichtigste Frage:

....

....

....

Bitten Sie nun Ihren Partner/Ihre Partnerin, die Übung ebenfalls zu machen.

Seine/ihre wichtigste Frage:

....

....

....

Überraschend, der Unterschied, oder?

Bitten Sie jetzt zehn Frauen und zehn Männer um ihre Antwort. Welche Gemeinsamkeit wird erkennbar?

Hauptbefürchtung der Frauen:

....

Hauptbefürchtung der Männer:

....

Die Fragen von Frauen beziehen sich gewöhnlich auf das Aussehen der möglichen Rivalin:

Findest du sie attraktiv?

Ist sie hübsch?

Ist sie jung?

Hat sie eine große Oberweite?

Die Fragen der Männer beziehen sich normalerweise auf den sozialen Status, den Erfolg und das Selbstbewusstsein des potenziellen Nebenbuhlers:

Ist er der neue Chef?

Was macht er beruflich?

Welche Position hat er in der Firma?

Hat er Geld?

Zusammenfassend lässt sich also sagen:

Die typische Rivalin von Frauen, die Eifersuchtsgefühle hervorrufen kann, ist eher jung und schön.

Der typische Rivale von Männern, der Eifersucht bei ihnen auslösen kann, ist eher ein selbstbewusster Mensch, der auf der sozialen Leiter oben steht: ein »Alpha-Tier«.

Warum ist das so?

Denken Sie noch einmal an die Evolutionstheorie. Frau Cro-Magnon suchte vor allem einen Partner, der in der Lage war, sie zu schützen und zu ernähren, wenn sie schwanger war oder gerade ein Kind geboren hatte. Ein geschickter, starker Jäger oder Stammesführer ist in diesem Sinne jedem anderen vorzuziehen. Herr Cro-Magnon wiederum war auf der Suche nach einer Gefährtin, die ihm überlebensfähige Kinder gebären konnte. Es trieb ihn daher zu Frauen, die jung (also fruchtbar) und schön (also gesund) waren.

Bei dem, was uns bei potenziellen Partnern anzieht, gibt es einen Teil, der genetisch bedingt ist und den Überlebenschancen der Art dient.

Jugend und Schönheit bei Frauen

Sozialer Erfolg (Reichtum/Macht) bei Männern

Die perfekten Proportionen

A. Version für Frauen

Kreisen Sie bei den folgenden Silhouetten diejenige an, die Sie am attraktivsten finden bzw. die für Sie am besten aussieht.

B. Version für Männer

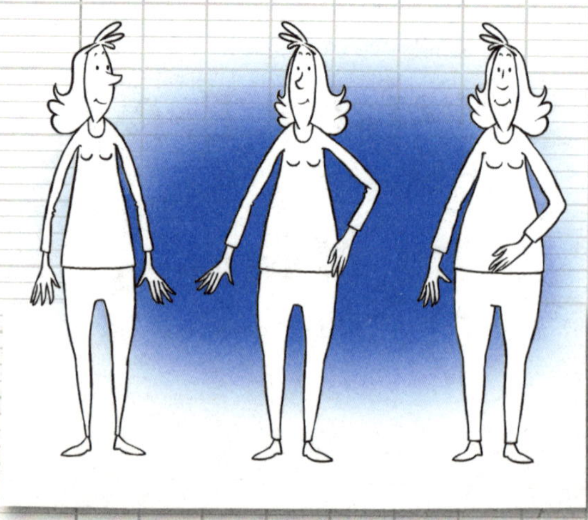

Haben Sie's gewusst?

Studien haben ergeben, das Männer bei Frauen ein bestimmtes Taille-Hüft-Verhältnis (THV; engl. waist hip ratio, WHR) bevorzugen; es liegt zwischen 0,6 und 0,7. Als ideal gilt offenbar, wenn der Taillenumfang um 30 Prozent kleiner ist als der Hüftumfang. Das THV von Marilyn Monroe lag beispielsweise bei 0,61.

Feststellung:

➞ Frauen fühlen sich eher von breitschultrigen Männern angezogen (Symbol für Stärke und Schutz). ▼

➞ Männer ziehen ein breiteres Becken (günstige Bedingung für eine Geburt) und eine schmale Taille vor. ▲

Kleiner Test zur Wiederholung

Ergänzen Sie den Lückentext mit folgenden Begriffen bzw. Ausdrücken: sexuell; Verlust; Jugend; bewahren; sozialer Status; Emotion; Gefühl; haben (erhalten); Überleben der Art; verlieren; Schönheit; Mangel; emotional. (Auflösung auf der nächsten Seite)

Eifersucht ist eine unangenehme .... oder ein unangenehmes ...., die/das sich einstellt, wenn wir befürchten, die ausschließliche Beziehung zu einem Menschen zugunsten einer anderen Person zu .... Eifersucht unterscheidet sich vom Neid: Neid will etwas ...., er entspringt einem ...., während die Eifersucht .... will; sie entspringt einem Eindruck des ...., der »Enteignung«.
Eifersucht ist offenbar genetisch in uns angelegt mit dem Ziel, die Chancen des .... zu steigern. So erklärt sich, dass die weibliche Eifersucht eher angesichts einer .... Beziehung ihres Partners geweckt wird, während die Eifersucht des Mannes eher durch die Vorstellung entfacht wird, seine Partnerin könne eine .... Beziehung zu einem anderen Mann eingehen. Zudem aktiviert bei den Frauen eher die .... und .... einer möglichen Rivalin die Eifersucht, während es bei den Männern der .... eines potenziellen Nebenbuhlers ist.

Auflösung: Die Begriffe mussten in dieser Reihenfolge eingesetzt werden: Emotion; Gefühl; verlieren; haben (erhalten); Mangel; bewahren; Verlust; Überleben der Art; emotional; sexuell; Schönheit; Jugend; sozialer Status.

Note: ... / 13

Bravo! Sie haben soeben die theoretische Prüfung mit Auszeichnung bestanden.

Sie können somit den nächsten – ganz praxisbezogenen – Lernschritt machen ...

Ziel: Lernen, mit Eifersucht umzugehen.

Änderung des Ehegesetzes vom 32. April

Vom heutigen Tag an sind Ehegatten folgende Dinge untersagt:

– ihre/-n Angetraute/-n auf welche Art auch immer zu überwachen;
– sich ohne ausdrückliche Erlaubnis Zugang zu seinen/ihren privaten Informationen zu verschaffen;
– vorzuschreiben, was er/sie zu tun hat;
– ihm/ihr bestimmte Handlungen (z. B. Treffen mit bestimmten Personen) zu verbieten
– seine/ihre Freiheit auf welche Weise auch immer einzuschränken.

Paare, die dagegen verstoßen, sind mit einer sofortigen und unwiderruflichen Annullierung ihrer Ehe wie auch mit einem lebenslänglichen Verbot, eine neue Verbindung einzugehen, zu bestrafen.

Es versteht sich von selbst: Eine Änderung vom 32. April wird nicht so schnell in Kraft treten …

Die Realität ist:

Unsere Gesellschaft ist weitgehend tolerant gegenüber den üblichen Eifersuchtsäußerungen.

- Viele finden es keineswegs empörend, wenn ein Partner die persönlichen E-Mails oder SMS des anderen liest.
- Manche finden nichts dabei, wenn ein Partner dem anderen bestimmte Aktivitäten untersagt (Tanzen gehen, einen Massagekurs belegen etc.).
- Für viele ist es immer noch nachvollziehbar, wenn ein Ehemann von seiner Frau verlangt, ihre »eheliche Pflicht« zu erfüllen.
- Nicht jeder wundert sich, wenn er hört, dass ein Ehemann bei der Kleidung seiner Frau ein Wörtchen mitreden will (kein sexy Outfit und auch kein Make-up, wenn sie ohne ihn ausgeht).
- Viele Menschen finden es in Ordnung, wenn ein Verbrechen aus Leidenschaft (also aus Eifersucht) weniger streng bestraft wird als ein vergleichbares Verbrechen, das dem Wunsch nach Bereicherung entspringt.

Welche gesellschaftlichen Gepflogenheiten im Zusammenhang mit Eifersucht empfinden Sie als absolut intolerabel?

- In einer früheren Epoche wurden Frauen, die Ehebruch begingen, mit dem Tode bestraft, während Männer einfach nur eine Geldbuße bezahlen mussten oder mit einer sonstigen geringeren Strafe davonkamen.
-
-
-
-

Haben Sie's gewusst?
Im alten Rom gehörten dem Gesetz nach nicht nur die Sklaven, sondern auch die Kinder und die Ehefrau zum Eigentum eines Familienvaters. Er hatte das Recht, über ihr Leben und ihren Tod zu entscheiden.

Wir leben in einer Gesellschaft, die der Eifersucht tolerant gegenübersteht – zu tolerant ...

Reden wir über Ihre Motivation

Bevor Sie an Ihrer Eifersucht arbeiten, ist es sinnvoll, sich ehrlich zu fragen, was Sie dazu motiviert. Sind Sie nicht vielleicht doch der Ansicht, ein bisschen Eifersucht sei durchaus akzeptabel oder sogar »das Salz in der Suppe« einer Beziehung?

Warum genau möchten Sie weniger eifersüchtig sein?

Hier ein paar der häufigsten Antworten:

- Um weniger zu leiden (denn ein eifersüchtiger Mensch leidet selbst auch unter dieser Eigenschaft).
- Um schönere Beziehungen zu haben.
- Um meinem Partner/meiner Partnerin nicht mehr das Leben zu vergällen.
- Um zu vermeiden, dass mein Partner/meine Partnerin mich irgendwann verlässt.

»Der Schmerz der Eifersucht ist deshalb so bitter, weil die Eitelkeit sich gegen ihn sträubt.«
Stendhal

Eifersucht wirkt sich negativ auf uns aus. Zu lernen, wie wir sie verringern können, bringt daher viele Vorteile mit sich.

Gut! Nun, da Sie wissen, warum Sie sich ändern möchten, und entsprechend motiviert sind, können wir mit der Arbeit beginnen.

Auf der Couch

Was ist Ihrer Meinung nach **die Ursache Ihrer Eifersucht?** Kreuzen Sie die zutreffenden Antworten an.

- ❑ Sie haben in Ihrer Jugend miterlebt, dass Ihre Eltern einander untreu waren.
- ❑ Die Geburt eines kleinen Bruders oder einer kleinen Schwester war für Sie eine schlimme Erfahrung.
- ❑ Ihre ödipale Phase ist unglücklich verlaufen (Sie konnten Papa oder Mama nicht heiraten).
- ❑ Sie leiden an mangelnder Selbstachtung – die Schuld Ihrer Eltern.
- ❑ Sie haben die Erfahrung gemacht, dass Ihnen ein/-e Nebenbuhler/-in ohne Skrupel den Partner ausgespannt hat.
- ❑ Sie wurden schon einmal von einem Partner betrogen.
- ❑ Sie selbst haben schon einmal einen Partner betrogen (in diesem Fall projizieren Sie Ihre eigene Untreue auf andere).
- ❑ Sie kennen Ihre Geschlechtsgenossen/-genossinnen gut genug, um zu wissen, dass diese keine Sekunde zögern und die Gelegenheit beim Schopf packen würden, selbst wenn sie dadurch eine Ehe zerstören müssten!
- ❑ Sonstige Gründe:

....

Die Ursache eines Problems zu kennen ist gut; es zu lösen ist besser.

Sehr gut! Sie wissen jetzt, warum Sie eifersüchtig sind und darunter leiden … Doch das ändert erst mal nichts: Die Eifersucht ist immer noch da, oder?

Gefühle und Verhalten

Ziel der nun folgenden Arbeit ist nicht, Ihre Eifersucht oder deren tiefere Ursachen zu verstehen; vielmehr geht es darum, sie zu verringern und ihr das schädliche Potenzial zu nehmen.

Jede Emotion hat zwei Dimensionen: das, was man fühlt, und das dadurch ausgelöste Verhalten.

Unsere Arbeit an der Eifersucht wird sich an diesen beiden Komponenten orientieren.

Sie können an beidem – Gefühl und Verhalten – gleichzeitig arbeiten. Für ein bestmögliches Ergebnis ist es sinnvoll, alle Übungen jeder Strategie zu machen.

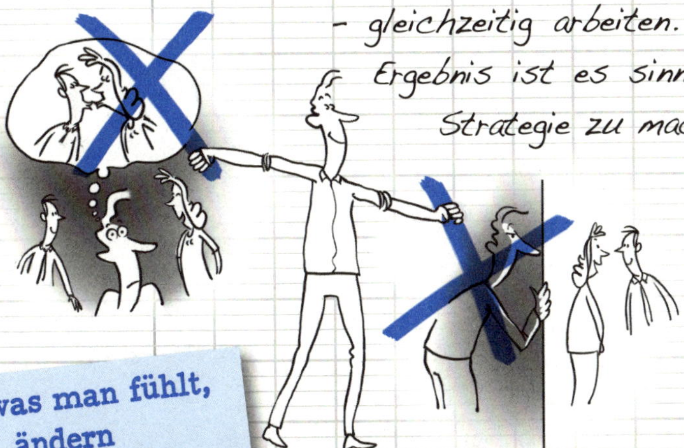

Das, was man fühlt, ändern
Die Intensität der empfundenen Eifersucht verringern

Verhaltensweisen ändern
Nicht mehr unter dem Einfluss von Eifersucht handeln

III. Ändern, was man fühlt

1. Eifersuchtsgefühle annehmen

»Der einzige Weg, der aus der Eifersucht führt, ist der durch sie hindurch.«
Thomas Moore

Zuallererst müssen wir unsere Eifersucht akzeptierten.
Solange wir sie leugnen, können wir nicht an diesem Gefühl arbeiten.

Schreiben Sie folgenden Satz zehnmal, aber in immer kleinerer Schrift (um die Verringerung, die Sie gerne erreichen wollen, zu symbolisieren):

- Ja, manchmal bin ich eifersüchtig.
-
-
-
-
-
-
-
-
-
-

Schreiben Sie nun in der Art eines Tagebucheintrags typische Situationen auf, in denen Sie eifersüchtig sind.

Liebes Tagebuch,

ich neige dazu, eifersüchtig zu werden, wenn

- mein Lebensgefährte im Gespräch mit einer hübschen jungen Frau glänzende Augen hat.

-

-

-

-

-

-

Sagen Sie sich einige Ihrer »Tagebuch«-Aussagen in einer Art Autosuggestion mehrfach vor, um Ihre Energie in die entsprechende Richtung zu lenken.

Und nun schreiben Sie den folgenden Satz zehnmal in immer größer werdender Schrift untereinander:

- Mein Vertrauen in mich und meinen Partner/meine Partnerin wächst immer mehr.
-
-
-
-
-
-
-
-
-
-

2. Den Gefühlen Raum geben

Wie alle Emotionen, die wir als negativ einschätzen, bewirkt auch die Eifersucht, dass wir uns körperlich zusammenziehen, verkrampfen und die Atmung blockieren. Doch wie ein komprimiertes Gas üben auch Emotionen in einer solchen Haltung einen verstärkten Druck auf den Brustkorb aus.

Lösung:

Mit dem Gefühl atmen! Atmen Sie ein paarmal tief durch, sobald sich Eifersucht bemerkbar macht, um ihr Raum zu verschaffen.

3. Selbstvertrauen entwickeln

»Was hat er/sie, was ich nicht habe?« Das ist die Frage aller Fragen, die Eifersüchtige angesichts eines potenziellen Rivalen peinigt. Eifersüchtige Menschen neigen nämlich dazu, sich negativ mit anderen zu vergleichen (»Was fehlt mir, was der/die andere besitzt?«). Eifersucht geht oft mit mangelndem Selbstvertrauen einher.

Je geringer das Selbstvertrauen, umso größer die Eifersucht.

Um die Neigung zur Eifersucht zu verringern, kann man also daran arbeiten, mehr Selbstvertrauen und Selbstwertgefühl zu entwickeln. Wie das geht? Indem wir uns gezielt Herausforderungen stellen und etwas tun, das uns zunächst Überwindung kostet. Zum Beispiel:

- an einem öffentlichen Ort ein Gespräch mit einer fremden Person anfangen;
- sich schminken (wenn man es nicht gewohnt ist);

➜ allein in ein Restaurant, ein Museum etc. gehen;

➜ lernen, Aufgaben zu verrichten, die sonst der Partner/die Partnerin übernimmt (z.B. handwerkliche Dinge, der »Papierkram« ...)

Jetzt sind Sie dran: Zählen Sie zehn Herausforderungen auf, denen Sie sich stellen wollen. Ordnen Sie sie aufsteigend nach dem Grad der Furcht, die sie Ihnen einflößen.

1.

2.

3.

4.

5.

6.

7.

8.

9.

10.

Auf geht's – viel Spaß!

4. Die Gedanken ändern

»Unser Leben ist das Produkt unserer Gedanken.«
Marcus Aurelius

Übung: Visualisierung

Stellen Sie sich vor, Ihr Lebensgefährte/Ihre Lebensgefährtin begegnet einer höchst attraktiven Person. Die Anziehungskraft ist sofort spürbar, als sie ins Gespräch kommen. Es knistert zwischen den beiden …
Nach einigen Minuten schlägt der/die andere vor, zusammen in ein Hotel zu gehen, so intensiv und überwältigend ist das Verlangen. Er/sie behauptet, noch nie zuvor etwas Derartiges gespürt zu haben.
Da sind sie nun, im Hotelzimmer: Die beiden beginnen sich mit großer Zärtlichkeit gegenseitig zu liebkosen und auszuziehen.

Was empfinden Sie beim Lesen dieser Zeilen?

....

....

....

....

....

»Die Eifersucht wächst heran unter Zweifeln und sie wird rasend oder stirbt dahin, sobald der Zweifel zur Gewissheit wird.«
La Rochefoucauld

Unsere Gedanken haben die Macht, Emotionen hervorzurufen! Mehr noch: Die Psychologie lehrt uns, dass wir bei den meisten Emotionen fühlen, was wir fühlen, weil wir denken, was wir denken.

Unsere Emotionen werden weniger von realen Ereignissen bestimmt als davon, wie wir diese wahrnehmen und bewerten.

Ein eifersüchtiger Mensch leidet sehr viel mehr unter seinen Vorstellungen als unter den tatsächlichen Gegebenheiten. Es ist, als würde er darin schwelgen, sich selbst wehzutun, indem er immer wieder über denselben – ein Szenario des Lügens und Betrügens darstellenden – inneren Bildern und Gedanken brütet.

Eifersucht erhält sich selbst am Leben, indem sie Gedanken des Betrogenwerdens immer wieder neu entfacht.

Es geht also darum, Gedanken zu kontrollieren, die Eifersucht schüren. Dafür können Sie eine Tabelle zu Hilfe nehmen, in der Sie Gedanken, die Ihnen automatisch kommen, wenn Sie eifersüchtig sind, durch andere, beruhigendere Gedanken ersetzen.

Auslösende Situation	Automatische Gedanken	Alternative Gedanken
Mein Partner ist von einer Arbeitskollegin eingeladen worden.	Sie will ihn verführen und er wird nicht widerstehen können. Bestimmt ist sie jung und hübsch.	Sie möchte ihn einfach als Kollegen kennenlernen.
Meine Frau hat die Tür geschlossen, um allein zu telefonieren.	Es gibt einen anderen Mann in ihrem Leben.	Sie möchte mich nicht durch lautes Sprechen stören.
Mein Mann geht mit seinen Freunden aus.	Bestimmt werden sie die Kellnerinnen anbaggern und mit allen weiblichen Gästen flirten.	Sie werden sich gegenseitig erzählen, was in ihrem Leben gerade so passiert.

Automatischen Gedanken im selben Moment, in dem sie aufkommen, entgegenzutreten und sie durch alternative zu ersetzen ist eine Fähigkeit, die geübt werden muss, damit sie Ihnen im Ernstfall zur Verfügung steht.

Eine andere, noch radikalere Strategie ist: sich bewusst machen, dass ein Gedanke nur ein Gedanke ist. Er kann uns nur durcheinanderbringen, wenn wir ihm Glauben schenken.

Es geht also darum, Abstand zu verstörenden Gedanken zu gewinnen. Kommt ein Gedanke auf, der Eifersucht wecken könnte, dann fügen Sie vor dem Gedanken hinzu: »Ich denke gerade, dass …«

»Er verführt gerade seine Kollegin« wird also zu »Ich denke gerade, dass er seine Kollegin verführt«.

Das verringert sofort die Intensität der Emotion.

Wir können unsere Gedanken beeinflussen.

5. Die Neugier zügeln

Serge Gainsbourg, französischer Sänger, Komponist, Schauspieler und »enfant terrible«, stellt in einem Song (aus dem Soundtrack des Films Sex Shop) all die Fragen, die man besser nicht stellt:

»Du kleine Schlampe, sag doch mal,
wie es in seinen Armen war.
Besser als mit mir?«

Negativer Vergleich

+

»Sag mir alles, kleines Luder!
Wie oft habt ihr es getrieben?«

schmerzhafte Details

=

explosiver Eifersuchtscocktail

Betrug und Untreue gibt es wirklich – das lässt sich nicht leugnen.

Was tun, wenn Sie herausfinden, dass Ihre Eifersucht tatsächlich begründet ist? Wie reagieren, wenn Ihr Partner/Ihre Partnerin tatsächlich eine intime Beziehung mit jemandem hat, hatte oder noch eingehen will?

Zügeln Sie Ihre Neugier und verbieten Sie sich, schmerzvolle Szenarien, die sich in Ihren Kopf drängen wollen, noch anzuheizen.

Fragen Sie also auf keinen Fall nach Details über die andere Beziehung, denn dadurch leiden Sie bloß noch mehr! Jede Einzelheit verleitet Sie nur dazu, sich mit dem/der anderen zu vergleichen, und Sie laufen Gefahr, sich hinterher erniedrigt zu fühlen.

Schneiden Sie ein weißes Blatt aus, etwa so groß wie der Rahmen unten, und kleben Sie es dort so auf, dass die schmerzvollen Fragen verdeckt werden.

Wie war es mit deiner/deinem Ex?

War es schön für dich?

Hat er dich hier gestreichelt?

Ist er gut im Bett?

Wo seid ihr euch begegnet?

Kann er es besser als ich?

Ist ihr Körper schöner als meiner?

Hattest du diese Dessous an?

Hat sie dieses oder jenes mit dir gemacht?

Wenn Sie tatsächlich betrogen worden sind und darüber Bescheid wissen, begnügen Sie sich mit der Information, dass es stattgefunden hat, und verzichten Sie unbedingt darauf, sich ein Szenario mit allen Details auszumalen. Schreiben Sie ganz groß auf das in den Rahmen geklebte weiße Blatt Papier: »Es ist passiert!«, und schlagen Sie eine neue Seite auf.

Zu Ihrer Beruhigung:
Rufen Sie sich ins Gedächtnis, dass es in einer Beziehung nicht nur gute Momente gibt und dass sexuelle Beziehungen nicht automatisch zu größtmöglichem Glück führen. Das gilt auch für diese Parallelbeziehung.

Noch eine Anmerkung zu neuen Technologien:
Sie sind die Hölle der Eifersüchtigen! Geben Sie auf gar keinen Fall der Versuchung nach, die E-Mails oder SMS Ihres Partners/Ihrer Partnerin zu lesen, sein/ihr Telefon auszuspionieren und zu überprüfen, ob er/sie in sozialen Netzwerken online ist.
Unter gar keinen Umständen!

Wenn Sie eifersüchtig sind, denken Sie daran: Je mehr Sie wissen, umso mehr leiden Sie.

IV. Verhaltensweisen ändern

Eifersucht zu spüren ist ganz bestimmt nicht angenehm, doch das ist das kleinere Problem. Das wirklich Problematische sind die Verhaltensweisen, die wir im Zuge unserer Eifersucht an den Tag legen.

Eifersüchtig sein

Sich eifersüchtig verhalten

Was tun Sie, wenn Sie eifersüchtig sind, um Ihre Verlustangst zu beschwichtigen?

- Ich neige dazu, das Opfer zu spielen, damit er/sie bei mir bleibt.
- Ich versuche meine potenziellen Rivalen/Rivalinnen herabzusetzen.
-
-
-
-
-
-
-
-
-
-

1. Auf Überwachung verzichten

Eifersüchtige sind Überwachungsexperten. In der Regel nutzen sie eine ganze Palette von Strategien, um zu erfahren, was ihr Partner tut.

Ist es schon einmal vorgekommen, dass Sie ...	**JA**	**NEIN**
ihn ausspioniert oder jemanden auf ihn angesetzt haben?	❑	❑
sie mehrmals hintereinander angerufen haben – um zu erfahren, was sie gerade tat?	❑	❑
von ihm einen präzisen Bericht über seinen Tagesablauf verlangt haben?	❑	❑
ihre Post geöffnet haben?	❑	❑
heimlich seine SMS gelesen haben?	❑	❑
ihre Taschen durchsucht haben?	❑	❑
seine Kontoauszüge nach Beweisen der Untreue durchforstet haben?	❑	❑

Was meinen Sie – ab welcher Anzahl von »Jas« ist Ihre Eifersucht problematisch?

Richtige Antwort: Ein einziges »Ja« ist schon zu viel.

Auch wenn die Versuchung groß ist: Geben Sie ihr nicht nach – auf gar keinen Fall! Verkneifen Sie sich jegliches Überwachungsverhalten, ganz gleich, wie sehr Ihre Eifersucht Sie quält.

Wenn die Zweifel anhalten, fragen Sie Ihren Partner/Ihre Partnerin offen, was Sache ist.

2. Auf kontrollierendes Verhalten verzichten

… insbesondere auf Verhaltensweisen, die darauf abzielen, Kontakte Ihres Partners mit anderen Personen einzuschränken.

Verbieten Sie sich absolut und ganz unabhängig von den Umständen:

- Ihren Partner davon abzubringen, sich mit bestimmten Personen zu verabreden;
- ihn/sie an bestimmten Aktivitäten mit anderen zu hindern;
- ihn/sie beim Ausgehen ständig zu begleiten;
- dafür zu sorgen, dass er/sie zu Hause bleibt;
-
-
-
-
-
-

Bei Eifersucht ist es VERBOTEN, ETWAS ZU VERBIETEN.

Achtung! Auch Manipulation zielt darauf ab, den anderen zu kontrollieren, selbst wenn sie unverfänglicher daherkommt. Manipulation ist ebenfalls eine häufig genutzte Waffe der Eifersüchtigen.

Manipulation wäre es zum Beispiel:

- Ihren Partner/Ihre Partnerin herabzusetzen, damit er/sie nicht mehr den Mut oder den Elan hat, auf andere zuzugehen;
- ihn/sie zu verunglimpfen oder zu verspotten;
- potenzielle Rivalen/Rivalinnen herabzusetzen;
-
-

Bewaffnen Sie sich mit einem hübschen schwarzen Kugelschreiber und streichen Sie alle Verhaltensweisen durch, die Sie ab sofort ablegen wollen.

Egal wie sehr die Eifersucht Sie leiden lässt – kontrollierendes und überwachendes Verhalten sind tabu!

Bedenken Sie: Zu zweit ist es (meistens) besser als allein!

Zeigen Sie dieses kleine Übungsheft Ihrem Partner/Ihrer Partnerin und verpflichten Sie sich offiziell, ab sofort auf überwachendes und kontrollierendes Verhalten zu verzichten. Bitten Sie ihn/sie, Sie beim geringsten Verstoß gegen Ihr Versprechen zur Rede zu stellen.

Nehmen Sie ihm/ihr auch das Versprechen ab, nicht auf Aktivitäten zu verzichten, die ihm/ihr Spaß machen, nur damit Sie nicht eifersüchtig werden.

Vertrag

Ich (Name) ....,
verpflichte mich hiermit, ab sofort auf jegliches überwachendes, kontrollierendes Verhalten gegenüber
(Name) ....
zu verzichten.

Ort .... Datum ../../....

Unterschrift

Zeuge (nicht obligatorisch):

3. Sich der Angst stellen

Reicht es aus, Kontrollverhalten abzustellen, damit die Eifersucht schwindet? Psychologen beantworten diese Frage mit Ja.

Eifersucht basiert nämlich auf der Furcht, die Ausschließlichkeit einer Beziehung zu verlieren. Ihr Motor ist also Angst.

Und die allgemeine Regel der Angst lautet so:

Je mehr wir das, was uns ängstigt, meiden, umso mehr ängstigt es uns.

Prinzip:

Ich habe Angst vor Hunden, also versuche ich, Hunden aus dem Weg zu gehen.

Wenn ich einem Hund aus dem Weg gehe, habe ich weniger Angst. Das ist angenehm.

Positive Verstärkung: Ich werde mich in Zukunft wieder so verhalten.

Auf diese Weise kann ich jedoch nie die Erfahrung machen, dass meine Angst sich zwangsläufig und ganz natürlich verringert, wenn ich mit dem Hund in Kontakt komme.

Auf die Eifersucht bezogen heißt das:

Ich habe Angst, betrogen zu werden. Also meide ich den Gegenstand meiner Angst, indem ich meinen Partner überwache oder kontrolliere. Positive Verstärkung: Ich bin für den Moment beruhigt.

Ich behalte die Vorstellung, dass Hunde furchteinflößende, gefährliche Tiere sind, und folglich bleibt auch meine Angst bestehen …

Bei der Eifersucht sieht das dann so aus: Ich bin nicht davon überzeugt, dass mein Partner treu ist, also muss ich ihn weiterhin und noch stärker überwachen und kontrollieren. Um erfolgreich an der Eifersucht zu arbeiten, müssen wir also unseren Dämonen entgegentreten:

Die Therapie beruht im Prinzip darauf, unsere Angst zu durchleben, uns ihr zu stellen, damit sie auf natürliche Weise gemindert wird – dadurch, dass sie keine Nahrung erhält. In den meisten Fällen werden wir feststellen, dass unsere Angst, betrogen oder verlassen zu werden, unbegründet ist.

Lassen Sie sich auf die Eifersucht ein, spüren Sie sie, ohne ihr auszuweichen oder sie in Handeln umzusetzen.

4. . Aufrichtig kommunizieren

Man kann durchaus eifersüchtig sein und es dem anderen sagen, dabei aber gleichzeitig zeigen, dass man sich nicht von seiner Eifersucht mitreißen lässt. Beispiele:

»Es wäre mir zwar lieber, du würdest nicht mit deinem Ex essen gehen – es beunruhigt mich –, aber du sollst nicht wegen mir darauf verzichten.«

»Eigentlich würde ich dir am liebsten sagen, dass du nicht mit deinen Freunden ausgehen sollst, aber ich möchte dir diesen schönen Abend keinesfalls nehmen.«

Schreiben Sie auf, was Sie sagen könnten. Wenn Sie es zu schwierig finden, die Sätze auszusprechen, dann beschränken Sie sich zunächst darauf, sie niederzuschreiben, um sie in sich einsickern zu lassen.

–

–

–

–

Wiederholen Sie diese Übung mehrmals pro Woche.

Wie jedes andere Gefühl kann man auch die Eifersucht gelassen annehmen und aushalten.

5. Eifersucht als Liebesbeweis?

»In der Eifersucht liegt mehr Eigenliebe als Liebe.«

La Rochefoucauld

Oft hört man, Eifersucht sei ein Zeichen für wahre Liebe. Was meinen Sie?

Schreiben Sie in die beiden Spalten der Tabelle Ihre Argumente für und gegen diese Behauptung.

Eifersucht ist ein Liebesbeweis, weil ...	Eifersucht ist kein Liebesbeweis, weil ...

Ihr Fazit:

Beispiel

Eifersucht ist ein Liebesbeweis, weil …	Eifersucht ist kein Liebesbeweis, weil …
➞ … man nicht (oder weniger) eifersüchtig ist, wenn man jemanden nicht liebt. ➞ … Eifersucht unser Interesse am anderen signalisiert.	➞ … man aus Eifersucht töten kann. ➞ … der Wunsch nach Kontrolle über den anderen ein Zeichen für Zweifel und für mangelndes Selbstvertrauen ist (Vertrauen ist einer der Grundpfeiler der Liebe). ➞ … Eifersucht unangenehm ist, Liebe dagegen angenehm. ➞ … Eifersucht den Partner als Objekt betrachtet, was der Liebe widerspricht. ➞ … Kontrolle die Freiheit des anderen einschränkt, während Liebe will, dass es ihm gut geht.

Fazit:
Eifersucht ist kein Liebesbeweis.

Zudem verleitet uns Eifersucht meist zu kontraproduktivem Verhalten:

Wer eifersüchtig ist, wünscht sich, dass die Liebe des anderen ausschließlich ihm gilt, doch stattdessen führen seine ständigen Zweifel, die lästigen Überwachungen und Kontrollversuche letztlich dazu, dass der Partner/die Partnerin das Weite sucht.

Eifersucht erstickt die Liebe.

Zu guter Letzt

Wenn wir der Eifersucht entsagen, wie können wir dann die Chancen erhöhen, dass unser Partner uns weiterhin treu bleibt?

Indem wir selbst ein möglichst guter Partner/ eine möglichst gute Partnerin sind.

Und dazu gehört, dass wir ...

- dem anderen voll und ganz vertrauen;
- ihm gegenüber zuvorkommend und großzügig sind;
- ihn unter allen Umständen respektieren;
- ihn wie einen ganz besonderen Menschen behandeln (vergleichbar mit einem hoch geschätzten Gast);
- ihm gegenüber authentisch und ehrlich sind;
- ihm regelmäßig zeigen, dass wir ihn/sie lieben;
- uns für die Beziehung engagieren, damit sie gut läuft;
- Differenzen so früh wie möglich beilegen und keine ungelösten Konflikte mit uns herumtragen;

- die Anliegen und Wünsche des anderen anhören und berücksichtigen;
- ihn unterstützen;
- ihm regelmäßig Komplimente machen;
- dankbar sind, ihn zu haben.

Das ist nicht nur weitaus wirksamer als Eifersucht, sondern fühlt sich auch sehr viel besser an …
Und damit sind wir am Ende dieses kleinen Übungshefts angekommen. Es hat weder einen definitiven Abschluss noch ein endgültiges Fazit, denn mit Emotionen kann man nicht abschließen.

Und selbst diejenigen, die meinen, sie seien gegen Eifersucht gefeit, können sich plötzlich mitten in einem Sturm der Gefühle wiederfinden. Es gibt immer etwas zu tun – die Arbeit an uns ist nie beendet. Umso mehr wird es Sie zu Recht mit Freude und Stolz erfüllen, wenn die Eifersucht sich im Lauf der Zeit mithilfe der Übungen verringert und Sie Ihre Beziehung viel unbeschwerter genießen können.
Viel Erfolg dabei! Es lohnt sich!

Die kleinen Übungshefte – bisher erschienen:

Ich lebe gelassen und glücklich!

- *Entdecke die innere Fee in dir*
- *Glückstraining*
- *Lebensfreude im Alltag*
- *Optimismus*
- *Positive Psychologie*
- *Wieder Begeisterung empfinden*
- *Zen, sexy und happy*

Ich lasse los, was mich belastet!

- *Endlich frei von Schuldgefühlen*
- *Krisen bewältigen*
- *Loslassen*
- *Schluss mit dem Rauchen*
- *Stark durch Resilienz*
- *Zorn positiv nutzen*
- *Zum Wohlfühlgewicht ohne Stress*

Ich entwickle meine Potenziale!

- *Das Gesetz der Anziehung*
- *Entdecke dich selbst mit Stift und Pinsel*
- *Gelassen Ziele erreichen*
- *Lebensträume verwirklichen*
- *Mut zur Veränderung*
- *Positives anziehen*
- *Selbstbewusstsein*
- *Verborgene Talente entdecken*

Ich habe Zeit für das Wesentliche!

- *Ausmisten und wieder durchatmen*
- *Besser leben ohne Stress*
- *Digital Detox – einfach öfter mal abschalten*
- *Entschleunigen*
- *Für eine bessere Welt*
- *Zen in einer bewegten Welt*

Ich lebe achtsam und zentriert!

- *Achtsamkeit*
- *Ho'oponopono*
- *Meditationen für jeden Tag*
- *Wahrhaftig sein sich selbst und anderen gegenüber*

Ich öffne mich anderen Menschen!

- *Dankbarkeit*
- *Emotionale Intelligenz*
- *Freunde gewinnen und bessere Beziehungen führen*

Ich kommuniziere klug und liebevoll!

- *Geheimnisse der Körpersprache verstehen*
- *Gewaltfreie Kommunikation*
- *Grenzen setzen – Nein sagen*
- *Konflikte meistern und harmonischere Beziehungen führen*
- *Mit schwierigen Zeitgenossen umgehen*
- *Psychospiele durchschauen und die eigene Rolle verändern*

Ich liebe andere und mich selbst!

- *Das Geheimnis glücklicher Paare*
- *Die Heilkraft der Liebe nutzen*
- *Frieden schließen mit dem eigenen Körper*
- *Kamasutra*
- *Seelische Wunden heilen*
- *Seelische Wunden verstehen*
- *Selbstliebe*
- *Sich selbst und andere lieben*